Inhalt

Altersrente mit 67 - Welche Auswirkungen hat es auf die Rentner von morgen?

Kernthesen

Beitrag

Fallbeispiele

Weiterführende Literatur

Impressum

Altersrente mit 67 - Welche Auswirkungen hat es auf die Rentner von morgen?

M.Rinkenburger

Kernthesen

- Das Renteneintrittsalter wird auf 67 Jahre erhöht. Franz Müntefering plädiert für eine schnellere Umsetzung der Anhebung.
- Ab 2029 soll bereits für alle Arbeitnehmer, die das 65 Lebensjahr vollendet haben, die Altersrente mit 67 Jahren gelten. (2)
- Die Erhöhung der Altersrente hat Auswirkung auf Millionen von bestehenden Arbeitsverträgen. Viele Arbeitsverträge sind befristet bis zum 65 Lebensjahr, jenem

Datum, zu dem bisher ein Renteneintritt ohne Abschläge möglich war. (1) Was bedeutet dies für die bestehenden Verträge?
- Die Erhöhung des gesetzlichen Renteneintrittalters hat gravierende Auswirkungen auf die persönliche Lebensplanung. (2), (5) Viele Menschen haben entsprechende Zusatzversorgungen zu ihrer gesetzlichen Rente ab 65 oder früher abgeschlossen. Die Planungen basierten bisher immer auf Basis des Renteneintritts ohne Abschläge mit 65. (4)

Beitrag

Lag die Rentenbezugsdauer 1960 noch bei ca. 10 Jahren so wird 2006 aufgrund der stetig steigenden Lebenserwartung mit einer Rentenbezugsdauer von ca. 20 Jahren kalkuliert. (3) Des Weiteren müssen immer weniger Beitragszahler für immer mehr Rentenempfänger aufkommen. Die Folge ist ein immer höheren Geldbedarf zur Rentenfinanzierung. Um die Beiträge zur Rentenversicherung wenigstens für ein paar Jahre auf dem bestehenden Niveau halten zu können erhöht die Regierung das Renteneintrittalters auf 67 zu erhöhen. Dies hat nicht nur direkte Auswirkungen auf die Höhe und die Bezugsdauer der gesetzlichen Rente sondern auch auf viele andere Themen wie bestehende Arbeitsverträge mit Befristungsdatum Alter 65, betriebliche und private Altersversorgungen oder Arbeitsplätze für ältere Arbeitnehmer. (6)

Aktuelle Situation

Wer heute ohne Abzüge bei der gesetzlichen Rentenversicherung in Altersrente gehen möchte muss entsprechend der seit 1913 gültigen gesetzlichen Regelung bis zum 65 Lebensjahr arbeiten. (1) Es besteht aber auch die Möglichkeit vor dem 65 Lebensjahr gesetzliche Rente zu beziehen. Dies ist allerdings nur mit Abschlägen möglich. Für jeden Monat für den der Arbeitnehmer vorzeitig Rente beziehen möchte reduziert sich die Altersrente dauerhaft um 0,3 Prozent. Viele Deutsche gehen heutzutage im Durchschnitt bereits mit 60,8 Jahren in Rente, also weit vor dem 65 Lebensjahr. Viele Arbeitnehmer planen deshalb teilweise bereits frühzeitig ihren Eintritt ins Rentenalter und schließen entsprechende Zusatzversorgungen ab, um im Alter keine finanziellen Einbußen zu haben. (3), (10)

Wie ist die Einführung der Rente

mit 67 geplant?

Im Koalitionsvertrag wurde bereits vereinbart, die Rente mit 67 zu einem bestimmten Termin einzuführen. Das Bundeskabinett hat jetzt bereits am ersten Februar 2006 beschlossen, die Rente mit 67 zu einem früheren Zeitpunkt einzuführen. (1), (3), (9) Ab 2012 wird sich das Renteneintrittsalter zwölf Jahre lang jährlich um einen Monat erhöhen. Ab 2024 wird es sich für weitere 5 Jahre um jährlich zwei Monate steigern, so dass ab 2029 eine ungekürzte Altersrente erst mit 67 Jahren möglich ist. (9)

Wer ist von der Erhöhung betroffen?

Diese Regelung trifft alle, die 1947 oder später geboren sind allerdings unterschiedlich stark. Verschiebt sich das Renteneintrittsalter für einen 1947 geborenen lediglich um einen Monat nach hinten, so sind alle ab 1964 geborenen voll davon betroffen und können dann erst mit 67 in Rente gehen. (3) Von dieser Regelung sind auch Beamte betroffen. (6)

Sind für bestimmte Zielgruppen Ausnahmen geplant?

Ausgenommen sind wie bisher auch schon bestimmte Berufsgruppen wie Soldaten, Feuerwehrleute oder Polizisten. (6) Weitere Ausnahmen sind bei Arbeitnehmern geplant, die wegen gesundheitlicher Probleme nicht bis 67 arbeiten können. Hierzu finden Überlegungen statt, den Betroffenen den Zugang zur Erwerbsminderungsrente wieder zu erleichtern. (10) Es gibt auch dahingehend Vorschläge, dass Arbeitnehmer die mit 65 Jahren bereits 45 Jahre in die Rentenversicherung eingezahlt haben bereits mit 65 Jahren Anspruch auf eine ungekürzte Altersrente haben. (10)

Welche Auswirkungen hat eine Erhöhung der Altersrente auf 67?

Viele Arbeitsverträge sind befristet bis zum 65. Lebensjahr des Mitarbeiters. Da die meisten Menschen bisher mit 65 die ungekürzte gesetzliche Altersrente beziehen konnten, stellte diese Befristung für Arbeitnehmer und Arbeitgeber bisher keinen Nachteil dar. In Zukunft hat dies für den

Arbeitnehmer aber die Folge, dass er gegebenenfalls zwei Jahre überbrücken muss, wenn der Arbeitgeber den Vertrag nicht verlängern möchte. (1) Folgende Konsequenzen könnte die Erhöhung des Rentenalters nach sich ziehen:

- Bei nicht verlängerten Arbeitsverträgen muss der Arbeitnehmer die Monate oder Jahre bis zur gesetzlichen Rente mit einer neuen Tätigkeit überbrücken. Dafür ist es aber auch zwingend notwendig, dass für ältere Arbeitnehmer Jobangebote zur Verfügung stehen und dieser Wunsch steht derzeit oft in einer Diskrepanz zu den Zielen von Unternehmen, die gerade die Zielgruppe der teuren und älteren Mitarbeiter vorzeitig loswerden möchten. Derzeit bieten sich jedoch kaum Möglichkeiten für ältere Arbeitnehmer, eine neue Beschäftigung auf dem Arbeitsmarkt zu erhalten.
- Der Arbeitnehmer kann sich arbeitslos melden und mit finanzieller Unterstützung der Agentur für Arbeit den Zeitraum bis 67 überbücken. (1)
- Der Arbeitnehmer könnte gegebenenfalls direkt in Rente gehen. Er muss für den vorgezogenen Renteneintritt allerdings dauerhaft einen Rentenabschlag von 7,2 Prozent in Kauf nehmen. (1)
- Arbeitnehmer könnten Klage einreichen, da die Basis auf der sie ihre Arbeitsverträge unterschrieben haben entfällt. Sie könnten auf eine Verlängerung des Arbeitsverhältnisses bis zum 67 Lebensjahr klagen. (9)

- Der Gesetzgeber könnte im Sozialgesetzbuch den Passus ändern, der regelt, was zu tun ist, wenn Arbeitsverträge kürzer befristet sind als bis zum Eintritt in das gesetzliche Renteneintrittsalter. (4), (9)

Welche offene Fragen bestehen noch bei eine Erhöhung der Altersrente auf 67?

Aufgrund der Umsetzung der Änderung des Renteneintrittalters gibt es unter anderm noch folgende Themen, die von der Neuregelung betroffen sind und die neu geregelt oder angepasst werden müssen:

- Frühverrentung: Die Möglichkeit der Frühverrentung muss für Unternehmen und Arbeitnehmer unattraktiver werden. Derzeit tendieren immer noch viele Unternehmen dazu, sich immer früher von ihren Mitarbeitern zu trennen. In der Bundesrepublik arbeiten derzeit nur noch ca. 39 Prozent aller Menschen zwischen 55 und 64 Jahren. Im Vergleich dazu liegt die Beschäftigungsquote dieser Altersgruppe in Schweden bei 69 Prozent. (6), (7) Ende 2005 hat die Regierung erst wieder die 58er-Regelung verlängert. Diese Regelung ermöglicht es

Arbeitslosen bereits mit 58 möglichst früh in Rente zu gehen. (7)
- Arbeitsplätze: Die Anzahl der Berufstätigen muss sich in den nächsten Jahren wieder erhöhen. Hierzu müssen wieder mehr Arbeitsplätze für ältere Arbeitnehmer geschaffen werden. Der zu erwartende demographische Wandel reicht nicht aus, um die Nachfrage nach älteren Mitarbeitern zu erhöhen. Die Bundesregierung und Unternehmen sind ab sofort gefordert Rahmenbedingungen auf dem Arbeitsmarkt zu schaffen, die es älteren Arbeitnehmern ermöglichen, bis 66 einer rentenversicherungspflichtigen Tätigkeit nachzugehen. (7)
- Private Altersvorsorge: In den letzten Monaten hat die Riester-Rente einen starken Zuspruch erfahren. Immer mehr Menschen kümmern sich jetzt verstärkt auch um ihre private Altersvorsorge. Bisher war die Basis für die Planung der privaten Altersvorsorge immer das 65. Lebensjahr. Wenn sich der Renteneintritt nach hinten verschiebt, dann besteht in Zukunft auch ein größerer Bedarf an individueller Vorsorge, damit sich später keine Rentenlücke ergibt. (2)
- Betriebliche Altersversorgung: Wenn Firmen für ihre Mitarbeiter eine betriebliche Altersversorgung aufbauen, dann müssen diese ggf. auch neu kalkuliert werden, wenn diese bisher auf Basis des Rentenalters 65 kalkuliert war.

- Frühester Rentenbeginn: Ab welchem Zeitpunkt ist ein vorgezogener Einstieg in die Altersrente in Zukunft möglich. Weiterhin wie bisher maximal fünf Jahre vor der gesetzlichen Rente oder wie bisher mit 60 Jahren, was einen wesentlich höheren Abschlag zur Folge hätte, wenn dieser bei 0,3 Prozent pro Monat bleibt. (11)

Fallbeispiele

Nach neuer Regelung kann ein Arbeitnehmer, der im Jahr 2023 das 65. Lebensjahr vollendet, erst ab dem 66 Lebensjahr eine ungekürzte gesetzliche Altersrente beziehen. (9)

Will ein 1964 geborener Arbeitnehmer mit 65 Jahren in Rente gehen, so müsste dieser nach neuer Regelung einen dauerhaften Abschlag in Höhe von 7,2 Prozent in Kauf nehmen. (10) Hätte dieser Arbeitnehmer nach heutigen Preisen und altem Recht eine Monatsrente in Höhe von 2000 Euro gehabt, so verringert sich diese nach neuem Recht aufgrund des Abschlages dauerhaft um 144 Euro. Um diesen Abschlag auszugleichen, müsste dieser Arbeitnehmer heute monatlich 75 Euro zurücklegen bei einer angenommenen Verzinsung von 2,5 Prozent. (6)

Um auch für ältere Menschen wieder einen offenen Arbeitsmarkt zu bekommen werden derzeit verschiedene Maßnahmen diskutiert. So könnten Unternehmen finanziell unterstützt werden, die Arbeitskräfte diese Zielgruppe einstellt oder ältere Mitarbeiter, die zu niedrigeren Löhnen Arbeitsverträge annehmen, könnten mögliche Ausgleichszahlungen erhalten.

Weiterführende Literatur

(1) Rente mit 67: Klagewelle droht
aus Rheinische Post Nr. vom 31.01.2006

(2) Länger arbeiten
aus Rheinische Post Nr. vom 02.02.2006

(3) Wiedemann, Günther, Das große Rechnen / die Bundesregierung erhöht das Renteneintrittsalter schneller auf 67 Jahre, Kölner Stadtanzeiger, 02.02.2006
aus Rheinische Post Nr. vom 02.02.2006

(4) Eingriff in Verträge
aus Stuttgarter Zeitung, 03.02.2006, S. 2

(5) Rechnen für den Ruhestand
aus Süddeutsche Zeitung, 03.02.2006, Ausgabe

Deutschland, S. 5

(6) O.V., Die späte Rente ist sicher / Arbeiten bis 67
Das Thema sorgt für Zündstoff, Kölnische Rundschau, 03.02.2006
aus Süddeutsche Zeitung, 03.02.2006, Ausgabe Deutschland, S. 5

(7) Arbeiten bis 67, aber wo?
aus Frankfurter Allgemeine Sonntagszeitung, 05.02.2006, Nr. 5, S. 38

(8) Rentenzeche für die Reichen
aus Berliner Zeitung, Ausgabe 35 vom 10.02.2006, S. 4

(9) Rente mit 67 - gar nicht so einfach
aus Süddeutsche Zeitung, 11.02.2006, Ausgabe Deutschland, S. 26

(10) Die Rente mit 67 kostet den Rentner 14 Euro im Monat
aus Frankfurter Allgemeine Zeitung, 11.02.2006, Nr. 36, S. 10

(11) Unbequeme Fragen zur Rente mit 67
aus Süddeutsche Zeitung, 24.02.2006, Ausgabe Deutschland, S. 22

Impressum

Altersrente mit 67 - Welche Auswirkungen hat es auf die Rentner von morgen?

Bibliografische Information der deutschen Nationalbibliothek

Die Deutsche Nationalbibliothek verzeichnet diese Publikation in der deutschen Nationalbibliografie; detaillierte bibliografische Daten sind im Internet über http://dnb.d-nb.de abrufbar.

ISBN: 978-3-7379-0901-3

© 2015 GBI-Genios Deutsche Wirtschaftsdatenbank GmbH, Freischützstraße 96, 81927 München, www.genios.de

Alle Rechte vorbehalten. Dieses Werk ist einschließlich aller seiner Teile – z.B. Texte, Tabellen und Grafiken - urheberrechtlich geschützt. Jede Verwertung außerhalb der Grenzen des Urheberrechtsgesetzes bedarf der vorherigen Zustimmung des Verlags. Dies gilt insbesondere auch für auszugsweise Nachdrucke, fotomechanische

Vervielfältigungen (Fotokopie/Mikroskopie), Übersetzungen, Auswertungen durch Datenbanken oder ähnliche Einrichtungen und die Einspeicherung und Verarbeitung in elektronischen Systemen.